チョモランマ（エベレスト、標高8,848m。画面左側）とチョオユウ（標高8,201m）／1991年

思いやり、
愛するということ

人類、さらにはすべての生きとし生けるもの
——人間も動物も——には、幸福を求め
平和に暮らす権利があります。
これとは反対に、他人に痛みや苦しみを
与える権利を持つ者など一人もいません。

西チベット、チャンタン高原の遊牧キャンプ。標高4900m／1991年

ゆるしの気持ちを身につければ、
その記憶にまつわる負の感情だけを
心から手放すことができるのです。
ゆるしとは「相手を無罪放免にする手段」ではなく、
「自分を自由にする手段」です。

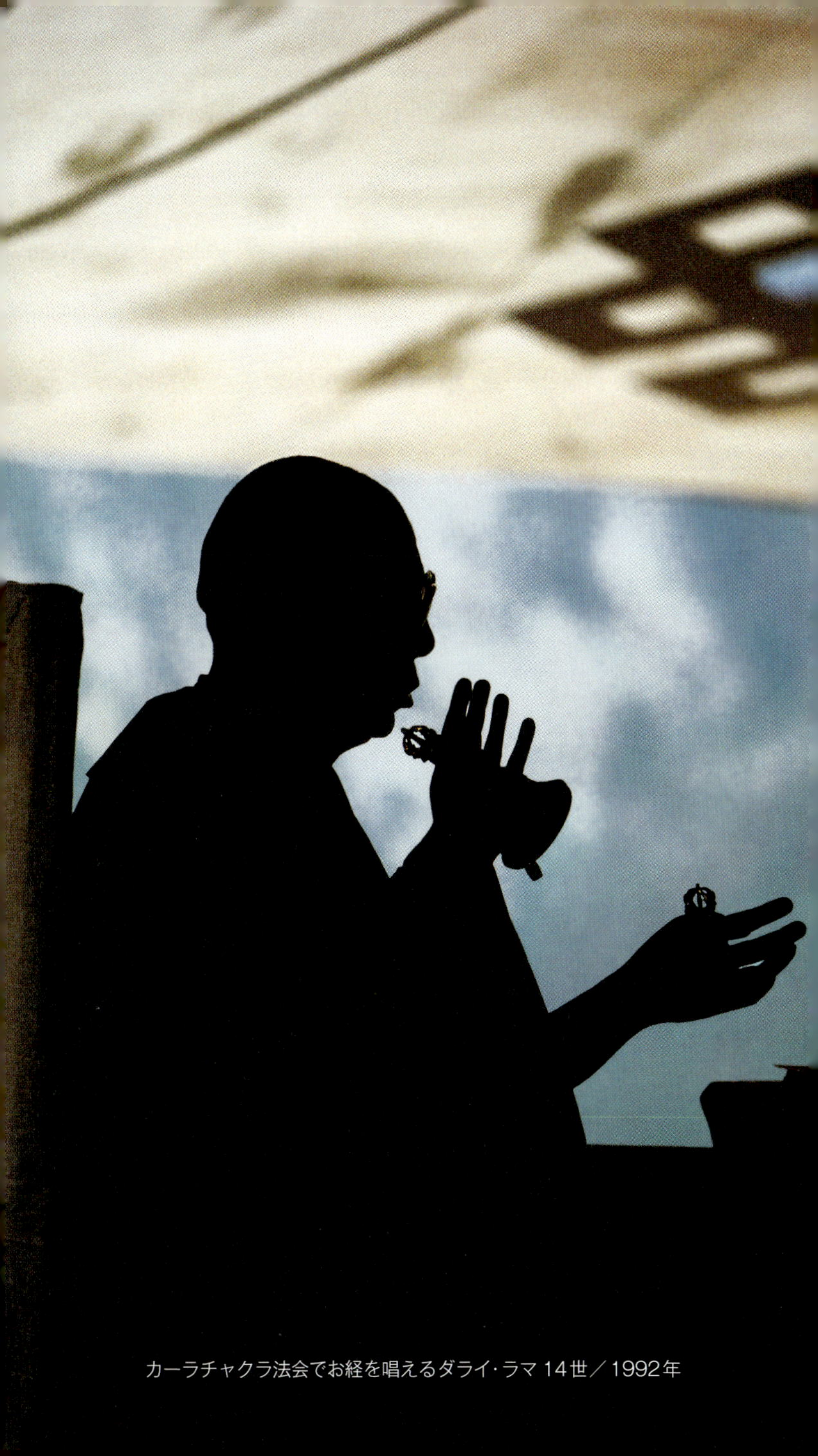

カーラチャクラ法会でお経を唱えるダライ・ラマ 14世／1992年

愛、ゆるし、思いやりにより、
私たちはさらなる希望と決意を手にし、
より明るい未来に向かって進むことができます。
怒りや憎しみに負けてしまえば、道に迷い、
苦痛に満ちた人生を送ることになってしまいます。

完成間近い砂曼荼羅。法会が終わると曼荼羅は毀《こわ》され、砂は川に流される／1992年

思いやりの心は人生で成功する究極の源です。
利己的な考え方は他者を害するだけでなく、
まさに自分が望んでいる幸福を阻害《そがい》します。

礼拝中にカメラに気づいて微笑むダライ・ラマ14世／1992年

私は誰と会おうと、古い友人として迎えようとしています。
このことが私を本当に幸せな気持ちにさせてくれるのです。
これが、思いやりの実践です。

カーラチャクラ法会で、ダライ・ラマとともに祈る僧侶たち／1992年

ほとんどの人は、思いやりを身につけるのに
一生かかると言っても過言ではありません。
しかもその段階に達して初めて、私たちは人間としての
深淵《しんえん》なレベルの思いやりを体験するようになります。
そう、思いやりを実践することで、人はさらに思いやりについて
学んでいくことになるのです。

ほんとうの意味の思いやりは、
まず自分自身に対して向けられるべきものだと思います。
まず自分自身に思いやりを持ち、
それを周りの多くの人たちに向けて広げていくのです。
つまり、自分自身を忌み嫌い、嫌悪しているような人は、
他者を思いやることなど不可能なことだからです。

ギャンツェにあるパンコル・チューデの僧侶。
文革による破壊を免れた数少ない寺院の一つ／1991年

釈尊が、説法のために天から降ったラバブ・ドゥチェンの祭日で、
仏塔のある丘をめぐる巡礼者たち／1991年

思いやり、
愛するということ ——

初めて私に愛と慈悲《じひ》を教えてくれた先生は、
わたしの母親でした。

ラバブ・ドゥチェンに参加し、野宿から目覚めた男たち。
標高4700m、11月のある朝／1991年

私たちは知らず知らずのうちに、愛や思いやり、協力、
いたわりといった人間になくてはならない最も基本的なものを
育むことを忘れるほどに、
物質的進歩に夢中になってしまったのです。

数珠《じゅず》つなぎにした羊から乳を搾る　チャンタン高原の遊牧民／1990年

思いやり、
愛するということ――

今、母なる自然が私たちに語りかけます。
助け合いなさいと。
温室効果ガスやオゾン層の破壊といった
地球規模の問題に相対《あいたい》するとき、個人のグループや
一つの国だけでどうにかなるものではありません。
母なる自然が私たちに、世界的な責任を説いているのです。

カイラス山ふもとにあるラカスタル湖。
画面中央にカイラス山を遠望できる／1990年

思いやり、
愛するということ――

結局のところ、人類は一つであり、
この小さな惑星が私たち人間の唯一の故郷です。

トチャと呼ばれる化粧をした遊牧民の娘。
紫外線や乾燥から肌を守る効果がある／1990年

今の自分の幸福があるのは、
すべて他人の勤勉な努力のおかげです。
自分の周囲を見まわして、住んでいる家も、働いている建物も、
使っている道路も、着ている服も、食べている食物も、
すべて他人が提供してくれたものであることを
認識しなくてはなりません。
見知らぬ無数の人々の親切がなかったら、
これらのどれ一つとして存在せず、
享受《きょうじゅ》することも利用することもできないのです。

テントの中で遊ぶ遊牧民の子供。標高5000mのチャンタン高原に暮らす／1991年

貧しい村の教室に貼られた革命聖人たちの肖像画／1991年

人権は万人共通の関心事です。
なぜなら、自由と平等、そして尊厳を求めることは
人類に本来備わっている性質であり、
私たちにはそれを獲得する権利があるからです。

チベット暦新年の大祈願会、モンラムの巡礼に来た少年。ラブロン・タシキル寺／1989年

遊牧民が身に着けていたダライ・ラマ14世のペンダント／1991年

不幸なことに、最も声をあげられない人々こそが、
人権を奪われている人々なのです。
したがって、こうした自由を享受している私たちこそが
責任を負っているのです。

どんなにひどいやり方で強制しようと、
暴力は人間が根源的に求める自由への願望を
押さえつけることは決してできません。

自由と権力

非暴力は、問題に無関心でいるということではありません。
逆に、しっかりと関わることが重要です。

不安に対処する有効な方法は、
自分のことを考えずに、人のことを考えることです。
本当に人の困難を目にすると、
自分のそれは大したことではなくなります。

豊穣《ほうじょう》を祈る祭り、ゴラに参加した遊牧民たち。画面後方にある神の山に魔除けの槍《やり》を奉納して帰って行くところ。四川省北部アバ高原／1988年

自由と権力——

経済は大切です。しかし、人間性はもっと大切です。
人権や環境問題など、経済より大切なことはたくさんあります。
利益を求めてビジネスの世界で関係を築いていくときにも、
大義を見失わないことが肝心です。

政治それ自体はなんら汚いものではありません。
人が政治をそうしているのです。

冬の牧草地に建てた暖かい家屋でくつろぐ父親と子供／1991年

自由と権力

怒りと憎しみこそが、私たちの本当の敵なのです。
これこそ私たちが全面的に立ち向かい
克服すべき相手なのであり、
人生に時として現れる一時的な「敵」は
真の敵とはいえないのです。

普段あなたの怒りが10分間続くのなら、
8分に減らしてみてください。
次の週は5分に、次の月は2分に減らしてください。
そうして怒りをゼロの状態まで持っていってください。
そうやって、心を鍛えてください。

鳥葬。落馬して亡くなった少女の遺体を、鳥のために切り刻む／2002年

正しい理由がある人は、一つ一つ例を挙げて話し合いますが、
まともな支持のない人は直《す》ぐ怒りに身を任せてしまいます。
つまり、怒りは力ではなく、弱さのしるしなのです。

ヤブユム（合歓仏）。男尊が手にする金剛杵《こんごうしょ》は男性器の、蓮華は女性器の隠喩《いんゆ》／1991年

もし私の国が侵略されなかったならば、
おそらく私は今よりずっと保守的になっていたことでしょう。
中国人は私を、強靭《きょうじん》で決意の固い人間にしてくれました。
私は、自分を進歩させてくれた中国人に、感謝しているのです。

文化大革命の頃に破壊された観音菩薩像。西チベット、ツァパランの白廟／1991年

破壊された西チベット、トリン寺。この場所に巨大な仏像が立っていた／1991年

破壊された仏像。寺院に寄進されていた厖大な財宝が中国により略奪された／1991年

祖国・チベットについ

ダライ・ラマが亡くなればチベット人の闘いは終わり、チベットには希望がなくなるという見方には同意できません。チベットの中でも外でも、古い世代は去っていきますが、新しい世代が同じ精神を守り続け、時にはより強まるでしょう。

西チベットの聖山、カイラス（標高6714m）のふもとにテントを張った遊牧民／1990年

非常に不運な状況でも、
私はたいてい穏やかなまま、心の平和を保っています。
これはとても役に立つことだと思います。
寛容や忍耐を弱さのしるしと考えてはいけません。
私はそれを強さのしるしだと考えています。

カイラス山をめぐる巡礼路を五《ご》体《たい》投《とう》地《ち》で巡礼する男／1990年

仏塔に向かって五体投地を繰り返す巡礼者／1989年

（チベット暴動の犠牲者の写真を見て）

一度は泣いてしまいました。
しかし、チベット仏教に親しんでいますから、
知覚のレベルでは多くのとまどいや不安、心配がありますが、
より深い意識のレベルには安らぎがあります。

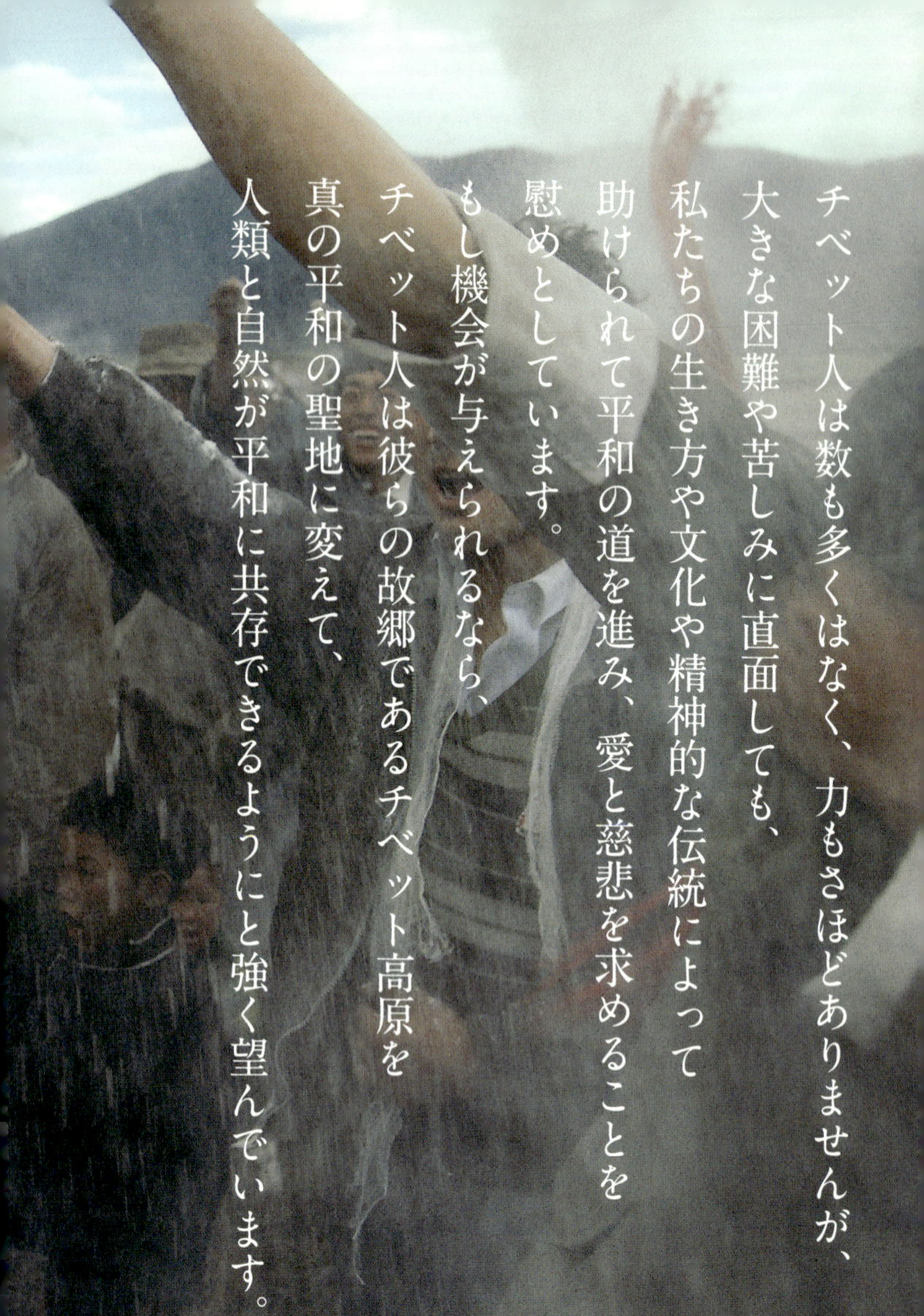

チベット人は数も多くはなく、力もさほどありませんが、
大きな困難や苦しみに直面しても、
私たちの生き方や文化や精神的な伝統によって
助けられて平和の道を進み、愛と慈悲を求めることを
慰めとしています。
もし機会が与えられるなら、
チベット人は彼らの故郷であるチベット高原を
真の平和の聖地に変えて、
人類と自然が平和に共存できるようにと強く望んでいます。

法要を終え去って行く僧侶を、
ツァンパ（主食の麦こがし）を投げて送る村人たち／1991年

チベット人は私を信頼しています。
だから彼らに手を差し伸べることができます。
ただ、一介の仏教僧のできる範囲内、
おそらくチベット人に人気の僧としてね（笑）。

厳冬期のテントで目覚めた家族。吐く息が霜となって毛布に付着している／2003年

遊牧民の子供たち。11月の夕刻、日が傾くとともに急激に冷え込んでゆく／1991年

宗教の目的は、美しい教会や寺院を建てることではなく、寛容、高潔、愛といった肯定的な人間の資質を培うことにあります。

中国により徹底破壊された山上の宗教都市、ガンデン寺。
再建が進んでいる／1991年

西チベット、トリン寺集会堂壁面に描かれた曼荼羅／1991年

皆さんは、ダライ・ラマとは何か特別な人間だという
印象をお持ちかもしれませんが、それは違います。
私も皆さんと同じ存在です。
皆さんには平等な機会と能力が備わっています。
皆さんにも同じことができるのです。

生きているうちに再び
チベットの土を踏む自信があります。
2、3日前、ラサへ還《かえ》って散歩している夢を見ました。
時々、1959年のラサ脱出の日のことを
夢に見ることもありますが。

ラサのポタラ宮にあるダライ・ラマ法王の席。壁の後ろに寝室がある。
1959年に亡命して以来空席のままだ／1991年

祭りでひな壇に座った６歳の活仏、ペマ・テンジン／2002年

私には3つの使命があります。
思いやりなどの基本的な人間性の価値を高めていくこと、
さまざまな宗教の間の調和を促《うなが》すこと、
そして最後に、チベットのために働くことです。
最初の2つについては一生かけて追求していきます。
しかし、最後のひとつは、
私がある程度の自由な立場でチベットに帰還することで
成し遂げられるでしょう。

私の年齢では、もう引き下がる時期です。
瞑想《めいそう》して、より深い精神的経験を持つために
もっと時間が持てたらと真剣に願います。
しかし、車椅子で会議に出席しなくてはならなくても、
私の信念は死ぬまで揺るぎません。

祭りで仮面舞踏を見物する、東チベット、カム地方の女性たち／2002年

チベットでは、多くの病は
愛情と慈悲心《じひしん》という薬で
治るといいます。

裕福であれ貧しくあれ、教育を受けていてもいなくても、
どの国家に、どの宗教に属していようと、
どのイデオロギーを信じていようと、
最終的に私たち一人ひとりは、
他の誰とも変わらない一人の人類にすぎないのです。
私たちすべては幸福を望み、そして苦しみは望みません。

早朝からの読経に疲れて休憩する少年僧／2002年

本当の幸福は、
自分自身や親しい人々という
限られた対象の幸せを気遣うことから
もたらされるのではなく、
全ての生きとし生けるものに対する、
愛と慈悲の心を育むことから
生まれてくるのです。

燈明にバターを注ぎ足してゆく巡礼の僧侶。ラサのジョカン寺／1990年

モンラムで年に一度披露される巨大タンカ。ラブロン・タシキル寺にて／1989年

愛と慈《いつく》しみこそ、まさに社会の礎《いしずえ》となるものです。
こうした感情を失ってしまうと、
社会に恐るべき苦難をもたらします。
人間の存続でさえ危機にさらされるかもしれません。

私たちは自分の苦しみの多くを自分の手で作っています。

近年になって西欧人の仏教信者が増えている。インド、ブッダガヤの法会にて／2002年

ヒマラヤを越えてインドのダラムサラに逃れてきたチベット難民／1992年

非常につらい時期を経験すると、私たちは冷淡な態度をとったり絶望を感じてしまったりすることがあります。言うまでもなく、それは非常に悲しいことにほかなりません。しかし状況のとらえ方によっては、それは私たちが開眼し、真実を見きわめるチャンスでもあるのです。

たとえ過去に深く傷ついたとしても、
怒りや憤《いきどお》りを手放すことができます。

我慢強さと寛大さでそのときの状況を冷静に分析すれば、

「過去は過去だ。だから怒りや憎しみを抱え続けていても意味がない」

ということに気づくことができます。

再生、平和への道——

揚子江上流の川面に描かれたチベット文字の聖句。
氷上に積んだ砂が太陽熱を吸収して氷を溶かす／2003年

心の内なる平和と社会的調和を同時に体験するには、
物質的進歩に精神的進歩が伴わなければなりません。
心の内なる平和なくしては、心のやすらぎが欠けていては、
平和を保ち続けるのは不可能です。

精神的な幸福は、五感で味わう快楽よりはるかに大切なのです。
快楽が続くのは短い間ですが、
本当の幸福とは長期にわたって続くものです。

――再生、平和への道

東チベット、夏の放牧地。清流と咲きほこる花々、一瞬の楽園／2002年

古くからの友人は去ってしまいましたが、新しい友人がやって来ます。
毎日の生活と同じことです。
古い一日が過ぎていき、新しい一日がやって来る。
重要なのは、それを意味のあるものにするということです。
つまり大切な友人、あるいは有意義な一日にするということなのです。

自分の欠点に一つでも気づくことは、
他人の百個の欠点に気づくことより、ずっと有益なことです。

ダラムサラのパレス中庭でくつろぐダライ・ラマ14世／1992年

釈尊が覚りを開いたブッダガヤにそびえる、マハーボーディ寺院仏塔／2002年

自信を喪失してはいけません。
人間には皆、同じ能力が備わっています。
「私は、価値のない人間だ」と考えるのは、間違っています。
全くの誤りです。自己を欺いているのです。
私たちは、誰でも考える力が備わっています。
これ以上、何が欠けているというのでしょうか。
意志の力があれば、何でもできるのです。
しかし、自信を失い、「私のような者に一体何ができるのか」と思うなら、
成功への道は閉ざされてしまいます。

私たちが貴重であると知っている地球環境、
動物、植物、虫、そして微生物すら、未来の世代の人々は
その多くを知らないことになるかもしれません。
私たちには、行動を起こす能力がありますし、
また、そうしなければならない責任もあります。
手遅れになる前に行動を起こさねばなりません。

20世紀は流血の世紀でした。
21世紀は、そのスタートこそつまずき気味ではありますが、
慈悲と非暴力の種がきっと花開く、対話の世紀となるでしょう。
しかし志だけでは駄目です。
私たちは、増大していく兵器に本気で反対し、
さらなる武装解除の実現に向けて
世界規模で努力を払わなくてはなりません。

兵器自体は戦争を始めることはできません。
兵器を発射させるボタンは、
人間の指に委《ゆだ》ねられているのであって、
その指は機械的に動くのではなく、
人間の意志によって動かされるのです。
その責任は、私たちの意志にあるのです。

死について常に意識しているなら、
死が訪れても驚くことはありません。心配もいりません。
死とは衣服を着替えるようなものです。
したがって、死を迎えたとき心の平穏を保ち続けることができるのです。

世界は美しく平和だ、ととらえることは間違っています。
この世に苦しみがあり、この世に悲劇があるかぎり、
私たちはそれを自分の体験として感じていかなければならないのです。
飢えている人がいるのに、自分だけが飽食してはいけないのです。
心が痛む現実や、他の人が苦しんでいる状況をしっかりと見据えて、
一人ひとりが考えていくべきです。

怒りや憎しみでは、痛々しい状況や問題を解決することはできません。
それらを解決できるのは、
思いやりと真の優しさによる癒しだけなのです。
世界平和を持続するための手段は
「思いやりによるゆるし」しかない――そう私は思うのです。

ダライ・ラマ14世　記者会見

2008年4月10日、インドから米国シアトルへ向かう途中、トランジットのため日本に立ち寄ったダライ・ラマ14世。急遽《きゅうきょ》、日本と海外のマスコミ各社に向けた緊急記者会見が開かれました。3月10日に始まったチベットでの「暴動」以降、ダライ・ラマが海外で発言するのは初めてということもあり、100人を超える報道陣が詰めかけました。

少し遅れてダライ・ラマが登場すると、一斉にカメラのフラッシュを向ける報道陣。しばらく見渡していたダライ・ラマは右腕を伸ばし「ストップ!」と報道陣のフラッシュを制しました。

「皆さんの顔が見たいんです」

英語でそう言って微笑むと、会場はすでにダライ・ラマの笑顔が醸《かも》し出す和《なご》やかな空気に包まれていました。

思いやりの心は身体の健康にとても役立つものです

「いつも申し上げていることですが、私には3つの使命があります。

1つ目は、一人の人間として、人間性の価値を高めることです。人間性の価値とは、思いやりの心ですね。宗教を信じようと信じまいと、思いやりの心は私たちが生きていくのに役に立つものです。なぜなら、身体に調和をもたらしてくれるからです。

思いやりの心を育めば、心身ともに健やかになれます。医学の分野でも、確かにそう言えるのだという研究結果があります。心の平和は、身体の健康にとても役立つのです。だからこそ私は、普遍的な良識や経験、そして科学的な知見《ちけん》をふまえて、人間性の価値を高めていくことを、第1の使命としています。

第2の使命は、仏教の僧侶として、さまざまな宗教の間の調和を図っていくことです。

今回の2週間の訪米は、主にこの2つの使命のためです。したがって、私がここにいることに、本質的に政治的な意図はありません。訪米の前にちょっと立ち寄っただけです。特に言いたいことはないのです」

「3つの使命」のうち、3つ目には触れなかったダライ・ラマ。3つ目の使命は、チベット人の指導者であるダライ・ラマ法王として、チベット問題の解決に取り組むという政治的な使命です。日本と中国の微妙な関係に配慮したのか、まずは政治的な意図はないと釘をさした上で、質疑応答が始まりました。

言論の自由がないことがチベット問題の根本的な原因です

――世界各地で北京オリンピックの聖火リレーをめぐって大きな混乱が起きています。法

王はどうお考えでしょうか？（日本のテレビ局）

「私は当初から、中国のオリンピックを支持してきました。中国は世界最大の人口を有する歴史ある国家ですから、開催国になるのは当然です。チベットで不幸な出来事がありましたが、私の考えは変わりません。

ですから、ロンドンやパリで起こった混乱を受けて、サンフランシスコにいるチベット人たちにメッセージを送りました。『どんな感情を抱くのも自由ですが、決して暴力的な行為はしないでほしい』と。

『黙れ』という権利は誰にもありません。意見を言うのは個人の権利だからです。そうですよね？

まさに言論の自由がないことこそ、今日まで続いているチベット問題の根本的な原因なのです。

若いチベット人の中には、私を批判する人もいます。歓迎ですよ。批判すればいいのです。

彼らには批判する権利があり、やめろという権利は私にはないのですから。同時に、表現の仕方は非暴力的であるべきです」

言葉だけでなく本当の意味での純粋な自治を求めます

――ニーハオ！（中国人記者）

「ニーハオ！」

――中国人に向けて、一言お願いします。

「今回の危機が起こってすぐ、中国のプロパガンダや一部の人々は、私たちが反中国的であるという印象を作り出しました。ですから私は、世界中にいる中国人の兄弟姉妹に広く訴えました。

ここでもう一度、それを繰り返したいと思います。
私たちは反中国的ではありませんし、中国の一部として留《とど》まることを決意しています。そうすることで、経済的な発展によって、私たちは大きな利益を得ることができます。

一方で、私たちには、チベット語や仏教といった独自の伝統的な文化遺産があります。チベット仏教がナーランダの純粋な伝統を受け継いでいることはご存知でしょう。したがって、チベット文化やチベット仏教を守ることは、チベット人600万人だけでなく、中央アジアや世界中の人々にとっての関心事です。

ですから、チベットの文化遺産やチベット仏教などを守るために、チベットには本当の意味での自治が必要なのです。そこには国防や外交などは含まれていません。文化や仏教の分野では、チベット人に全権が委ねられるべきです。チベット文化や仏教、教育、環境といったものを守ることにおいては、チベット人の方がうまくや

れるのです。

これが、私が常々『中道《ちゅうどう》』と呼んでいるアプローチです。

中国の指導者は、チベット文化についてほとんど知りません。そして残念なことに、チベット仏教を、中国を分裂させる原因などと考える人もいます。ですから彼らは、チベット仏教や文化に対し、多くの制約を設けています。こうした現実の前では、自治権は言葉だけのものにすぎません。チベット人が住む地域はすべて様々な自治地域となっており、自治区、自治州、自治県などと名付けられています。

本当に自治があるのなら、これらの地域の人々は満足しているはずです。今回のような危機が起こるはずはありません。

では、なぜ起こったのでしょうか？

『自治』が言葉だけにすぎないからです。誠実に実行されていないからです。

こうした自治地域のチベット人たちは、深い憤《いきどお》りを感じています。今回の危機は、こうした深い憤りの表現なのです。私たちは、純粋な自治を求めています」

私は一人の人間ですよ悪魔などではありません

「もうひとつのポイントはオリンピックです。私はオリンピックを支持しています。これが世界中の、特に中国本土の中国人の兄弟姉妹に向けた大切なメッセージです。

私は本当に悲しく思っています。政府のレベルで、私を悪魔呼ばわりしているのですから。

私は一人の人間にすぎません。悪魔ではないと思いますよ。悪魔かどうか、皆さんが判断してください。こんなものは生えてませんよ「と言って、頭の上に指を立てて角を作ってみせるダライ・ラマ」(笑)。

彼らに何と言われてもかまいませんが、とにかく悲しくなってしまいます。中国の人々の多くは、政府がもたらす情報に頼っています。罪のない中国の兄弟姉妹が、ダライ・ラマが悪いのだと本気で思っているのです。本当に悲しいことです。

どうか私を助けて下さい。世界中の人々、特に中国の人々に、ダライ・ラマはチベットの独立を求めてなどいないと、はっきり伝えて下さい！

そしてできれば、ダライ・ラマは、それほど悪人ではないと……(爆笑)。

さらにもう一つ付け加えさせてください。中国当局の中には、今回の危機はダライ・ラマが画策《かくさく》したものだと言っている人がいます。これは問題です。私はすぐに国際社会と中国政府に訴えました。

『ダラムサラに来て、徹底的に調査して下さい。洗いざらい調べて下さい』と。

私たちが知る限り、3月10日以降、少なくとも数百人がチベット各地で殺され、数千人が逮捕されました。ですから、中立的な、権威のある、独立した機関による徹底的な調査がなされるべきです。2種類の人々が関わっていたと私は思います。商店で略奪をはたらいたり犯罪に走った者もいたでしょうから、はっきり区別すべきです。危機につけこんで犯罪をはたらいた人々は、法律によって罰せられるべきです。

しかし、政治的な動機で、非暴力的な抗議行動をした人々もいます。彼らを犯罪者扱いすべきではありません。はっきり区別することが大切です。こうしたことは権威ある法律家たちによって徹底的に調査されるべきです。同意下さるなら、この考えを分かち合いましょう。同意いただけないなら、忘れて下さい（笑）」

チベットで何が起きているのか世界の人々に伝えてください

――日本の政府、国民に対してメッセージをお願いします。（日本人ジャーナリスト）

「できれば、チベットに行って、調査して、何が起こっているのかを、世界の、そして中国の人々に伝えて下さい。残念なことですが、中国政府による公式の発表というのは、かなり歪曲《わいきょく》されていることがあり、それによって不必要な誤解が生まれてしまうのです」

――オリンピックが終わった後も、中国はかなり力を持つと思います。何か希望のようなものはありますか？（日本のテレビ局）

「状況を見守りたいと思います。まず、チベットの人々は明確に気持ちを表現していますが、同時に、新疆《しんきょう》ウイグル自治区など他の自治地域でも、憤りを感じている人々がいます。中国政府にとって、現実を受け入れて、現実に即した解決策を見出《みいだ》すときが来たのだと思います。声を上げた人々を暴力で抑えつけるというのは、時代遅れのやり方なのです。

そして、現実的なアプローチのためには、現実を知らなければなりません。自由な情報の流れと透明性は不可欠です。国家機密などというものは時代遅れで、疑念を生むだけです。疑念や不信感は、最大の障害です。調和のとれた社会を築くにあたっては、平等と、自由な情報、透明性が尊重されねばなりません。

中国人のイメージを向上させ、超大国になるためには、道義的な権威が欠かせません。そして、透明性のある現実的なアプローチをとらねばなりません。これはチベット人やウイグル人だけでなく、中国人全体の利益になることです。

中国は世界最大の人口を有する国です。そして、論理的に考えて、世界をより良くするために前向きな貢献をする力を持っているのです。それを実現するためには、何よりも道義的な権威が必要です」

チベットの歴史

古代チベット王朝

チベットが世界史の舞台に本格的に登場したのは7世紀のこと。ソンツェン・ガムポ王が、ヒマラヤ山脈の北側に広がる広大なチベット高原を初めて統一しました。

王は、ネパールからティツン王女、中国（唐）から文成公主を妃として迎え、ラサの町を都としました。

この古代王朝は、8世紀には唐の都・長安（今の西安）を一時占領するほどの勢いを誇りました。一方では、インドから仏教を本格的に導入し、多くの寺院が建てられました。中央アジア最強の軍事大国は、仏教大国としても栄えたのです。

しかし、9世紀に入り、仏教を信仰しない王が現れたことから争いとなり、王家が分裂して王朝は滅びてしまいます。

13世紀、急速に領土を拡大したモンゴル王朝（元朝）は、地方豪族と僧院が各地を治めていたチベットにも攻め入ります。

チベットは政治的には属国《ぞっこく》となりましたが、チンギス・ハンの孫フビライが、チベット仏教の熱心な信者となりました。以降、チベットとモンゴルは「寺と檀家《だんか》」の関係を深めます。ユーラシア大陸を制覇した強力な檀家のおかげでチベットも潤ったのです。

チベット史

593	ソンツェン・ガムポ王が即位
641	文成公主がチベットに嫁ぐ
763	唐の長安を占領
842	ダルマ王が暗殺され、王朝が分裂
1239	モンゴル軍がチベットに侵入
1260	フビライ・ハンが元王朝を立て、チベットのパクパを国師とする
1578	アルタン・ハン、ソナム・ギャツォに「ダライ・ラマ」の称号を贈る
1645	ダライ・ラマ5世、ポタラ宮の建立に着手
1903	英国軍がチベット侵攻
1911	清朝が滅び、中華民国が成立
1913	ダライ・ラマ13世、チベットの独立を宣言
1933	ダライ・ラマ13世逝去

中国支配の時代（現在）

16世紀、ラサで有力となったゲルク派という宗派の高僧ソナム・ギャツォが、モンゴルのアルタン・ハンから授かった称号が「ダライ・ラマ」です。

17世紀、5人目のダライ・ラマ、ロブサン・ギャツォは「偉大な5世」と讃えられます。ラサにポタラ宮を建て、ダライ・ラマが、政治と宗教両方を統治する新たな黄金時代を築きました。

世界から孤立していたチベットですが、20世紀、ダライ・ラマ13世の時代には、南にインドを支配したイギリス、東に清朝、北にロシアと、大国の脅《きょう》威《い》に翻弄《ほんろう》されるようになりました。

清朝が滅び、中華民国の時代になった後、ダライ・ラマ13世はチベットの独立をあらためて宣言します。

1949年、成立したばかりの中華人民共和国が「チベット解放」を宣言。チベットとの間に「17条協定」を結び、チベットは中国の一部となってしまいます。1959年にはダライ・ラマ14世がインドに亡命。中国による本格的なチベット支配が始まったのです。

※現在のチベットと周辺国

ダライ・ラマ14世と現代史

1935	7月6日、チベット東北部アムド地方タクツェル村で生まれる
1939	ラサに迎えられる（4歳）
1940	ダライ・ラマ14世として即位。剃《てい》髪《はつ》を受け、テンジン・ギャツォと命名（5歳）
1942	ルーズベルト米大統領から親書を受ける（6歳）
1948	登山家のハインリッヒ・ハラーと出会い、親交を深める（後に映画『セブン・イヤーズ・イン・チベット』に描かれる）（13歳）
1949	中華人民共和国が成立
1950	中国人民解放軍、東チベットに侵攻。摂政タクタから政治上の全権を委譲《いじょう》され、国家元首に（15歳）。南チベットへ一時避難

ダライ・ラマ14世の半生

■出生～1950年

わずか15歳で宗教、政治両面のトップに

1935年7月6日、チベット高原の東北部にあるタクツェル村の農家に四男が生まれ、ラモ・トンドゥプと名付けられました。ラモ・トンドゥプが3歳の頃、旅の僧侶の一団が訪れて、一夜の宿を請《こ》いました。

実は彼らは、チベット政府の密命《みつめい》を帯びた「捜索隊」でした。1933年に亡くなった「ダライ・ラマ13世」が、この辺りに生まれ変わっているはず――さまざまな「お告げ」に導かれて、少年を見つけにきたのです。

少年は先代13世が使っていた数珠や杖を正確に見分けるといった「テスト」をクリアし、間違いなく先代13世の「生まれ変わり」であると認められました。

そして、1939年に都ラサに迎えられ、歴代ダライ・ラマの居城であるポタラ宮で、1940年、「ダライ・ラマ14世」として即位しました。4歳の男の子が、チベットの法王となる運命が決まりました。当時、チベットは激動の時代を迎えていました。東隣りに誕生した中華人民共和国の軍隊がチベットを侵《おか》し始めていたからです。強大な軍事力を持つ中国は、チベットを飲み込んでいくことになります。

1951 北京でダライ・ラマ抜きで「チベットの平和解放に関する17条協定」調印される。避難先からラサに帰還(16歳)
人民解放軍がラサに進駐。チベットの食糧事情が悪化

1954 北京を訪問し、第1回全国人民代表大会に出席。毛沢東、周恩来らと会見(19歳)

1956 チベット自治区準備委員会の主任となる(21歳)
釈尊《しゃくそん》生誕2500年祭のためインド訪問。ネール首相と会談

1959 ラサ市民が蜂起《ほうき》(3月10日)。チベット人8万人以上が犠牲に。ダライ・ラマ一行、ラサを脱出(3月17日)。インドに逃れ、亡命政府を樹立。中国によるチベット支配が本格的に始まる(24歳)

ダライ・ラマ14世は僧侶としての厳しい修行を積みながら成長し、わずか15歳で宗教と政治の全権を委ねられ、正式にチベットの指導者の座に就きました。

■亡命まで（1951〜1959年）

24歳の時、3週間かけてインドに亡命

1951年、ダライ・ラマ14世が一時ラサを離れていた間に、中国・北京で「チベットの平和解放に関する17条協定」が結ばれました。その内容は、チベットが中国の一部になるという思いがけないものでした。

中国となんとかうまくやっていこうと決意していたダライ・ラマですが、19歳の時に北京を訪れ、中国の指導者・毛沢東からこう言われて戦慄《せんりつ》を覚えます。

「宗教は毒だ」

中国はすでに、チベット各地で次々と僧院を閉鎖していました。大量に中国人が流れ込んできたため、食糧事情も悪化し、各地で抵抗運動が激しくなりました。

1959年3月、ダライ・ラマはラサに駐屯《ちゅうとん》する中国軍司令部から観劇の招待を受けました。その招待には奇妙な条件がついていました。

「護衛をつけずに来なさい」

これを機に「法王が誘拐される」という噂が広まり、ラサの市民たちは、ダライ・ラマを守るために大規模な抗議行動を起こしました。ダライ・ラマ

1961	国連総会でチベットに関する決議案採択
1965	チベット自治区成立（30歳）
1966	中国で文化大革命が始まり内戦状態に。チベットにも紅衛兵が到着
1967	初の外遊。日本とタイを訪問
1973	ヨーロッパ訪問。ローマ教皇パウロ6世と会見（38歳）
1974	中国に抵抗を続けていたチベット人ゲリラを武装解除
1977	文化大革命終結
1979	チベット亡命政府の代表団がチベットを訪問
1987	米議会で「5項目のチベット和平案」を提案（52歳）
1988	ラサで反中国デモが始まる 欧州議会で、独立を求めない「ストラスブール提案」を発表
1989	ラサで大規模な抗議行動があり、

は犠牲者を出すのを避けるため、身を引くことを決意。ラサを抜け出し、3週間かけてインドに逃れました。24歳のときのことでした。

■亡命時代（1960年～現在）

チベットは中国の完全支配下に

その後、1959年にダライ・ラマは「亡命政府」を樹立。インド政府が、涼しい丘陵地帯にある町ダラムサラに土地を提供してくれました。ダライ・ラマの後を追って、10万人以上のチベット人が難民となってインドやネパールに逃れました。一方、チベットは完全に中国の支配下に入り、120万人ものチベット人が犠牲になったとも言われています。

ダライ・ラマは、こうした「チベット問題」を解決するため、1967年に日本とタイを訪れたのを皮切りに、積極的に国際社会に訴え続けました。1988年には、チベットの独立を求めないことを明らかにして、中国との対話を求めました。「非暴力」を貫く姿勢は国際社会の共感を呼び、その功績から、1989年にはノーベル平和賞を受賞しました。

ダライ・ラマが亡命した後、約半世紀の間に、チベットでは自由を求める抗議行動が何度も起こされました。中国は軍事力で対抗してきましたが、ダライ・ラマは中国との対話による解決を求め続けています。70歳を超えたダライ・ラマの静かな闘いは続いています。

	戒厳令が発令される
	当時のチベット自治区共産党書記が、今の中国の国家主席・胡錦濤氏
	中国で天安門事件（6月）
	ノーベル平和賞受賞（10月）
1994	北京で第3回チベット工作会議開催。中国のチベット政策が強硬路線
1995	チベットで亡くなったパンチェン・ラマ10世の転生者としてニマ少年（6歳）を承認。その後、ニマ少年は行方不明に
2000	チベット本土で育っていた高僧カルマパ17世が、インドに亡命し、ダライ・ラマのもとに身を寄せる
2007	米議会が名誉黄金勲章を授与
2008	北京五輪を前に、チベット全土で大規模な抗議行動が発生

ダライ・ラマ14世 Q&A

Q「ダライ・ラマ」って、そもそもどんな意味?

A「ダライ」はモンゴル語で「海」、「ラマ」はチベット語で「師」。海のように広くて深い智慧《ちえ》と徳を持つ師匠という意味の称号です。

Q何て呼んだらいい?

A日本語では「ダライ・ラマ法王」や「猊下《げいか》」などと呼ぶことが多いようです。中国当局は敬意を示さないので「ダライ」と呼んでいます。

Q本名は?

A子どもの頃は「ラモ・トンドゥプ」。僧侶になったときに「テンジン・ギャツォ」という名前を授かりました。

Q「14世」ということは、14人目?

A14人目の「生まれ変わり」です。チベットでは、輪廻《りんね》転生《てんしょう》の思想が信じられており、人は人間や動物などに繰り返し生まれ変わるとされています。ダライ・ラマは、ずっとさかのぼると「観音菩薩《ぼさつ》」であると信じられています。

Qどこに住んでるの?

A1959年までは、チベットのラサにあるポタラ宮やノルブリンカ離宮に住んでいましたが、今はインド北部にあるダラムサラという町に住んでいます。法王邸は「パレス」と呼ばれ、ダライ・ラマは、主に2階にあるオフィスや瞑想《めいそう》室で過ごします。

Q普段はどんな生活を?

Aお経を読んだり瞑想をしたりといった、僧侶としての修行に多くの時間を費やしています。仏教行事を開催することもあります。また、大勢の人と会うことを「修行」と考えています。海外からの来客や、テレビ・雑誌の取材の他、法王に一目会うために危険を冒してヒマラヤを越えて来るチベット人たちに会って、祖国の話を聞き、ねぎらいの言葉をかけます。外遊も年に何度かあり、大忙しです。

Q普段は何を食べているの?

A朝食は、チベットの伝統食であるツァンパ(麦こがし)かパン(バターとジャムを塗る)、ミルクティー。昼食には野菜炒めなども付きます。菜食にしたこともありましたが、肝炎になって以来、医師の勧めで肉も食べています。

　また、朝食と昼食しか食べません。理由は僧侶としての戒律《かいりつ》を守っているからです。ただ、時々午後にお腹が空いて、ビスケットなどを食べてしまう、と告白しています。

食後には、必ず歯を磨くようにしています。

Q テレビは見る？ ネットは？

A 瞑想室にテレビがあり、英国のBBCの衛星放送などを見ています。パソコンは大の苦手です。

Q 健康の秘訣は？

A「心を穏やかにすること」。運動不足になりがちなため、毎朝の散歩は欠かせません。部屋にはランニングマシーンも置いてあります。

Q 趣味は？

A「時計の修理」とよく答えています。子どもの頃から、欧米から贈られた映写機や自動車、時計などを操作したり分解するのが大好きでした。

Q「非暴力」ってどういうこと？

A インドのマハトマ・ガンジーから受け継いだ思想です。暴力はさらに暴力や憎しみを生むだけで、問題の解決にはなりません。ただし、おとなしくしているという意味ではなく、暴力を用いない行動を起こすことが重要です。

Q ダライ・ラマには誰も逆らえない？

A 政治上の権力は、選挙で選ばれた主席大臣に譲っています。若いチベット人たちは「非暴力は穏健《おんけん》すぎる」とダライ・ラマを批判しています。

Q ダライ・ラマには、どうすれば会えますか？

A 来日時に追っかけをするという手もありますが、法王の私邸があるダラムサラでは、時々、一般人が謁見《えっけん》できるチャンスがあります。

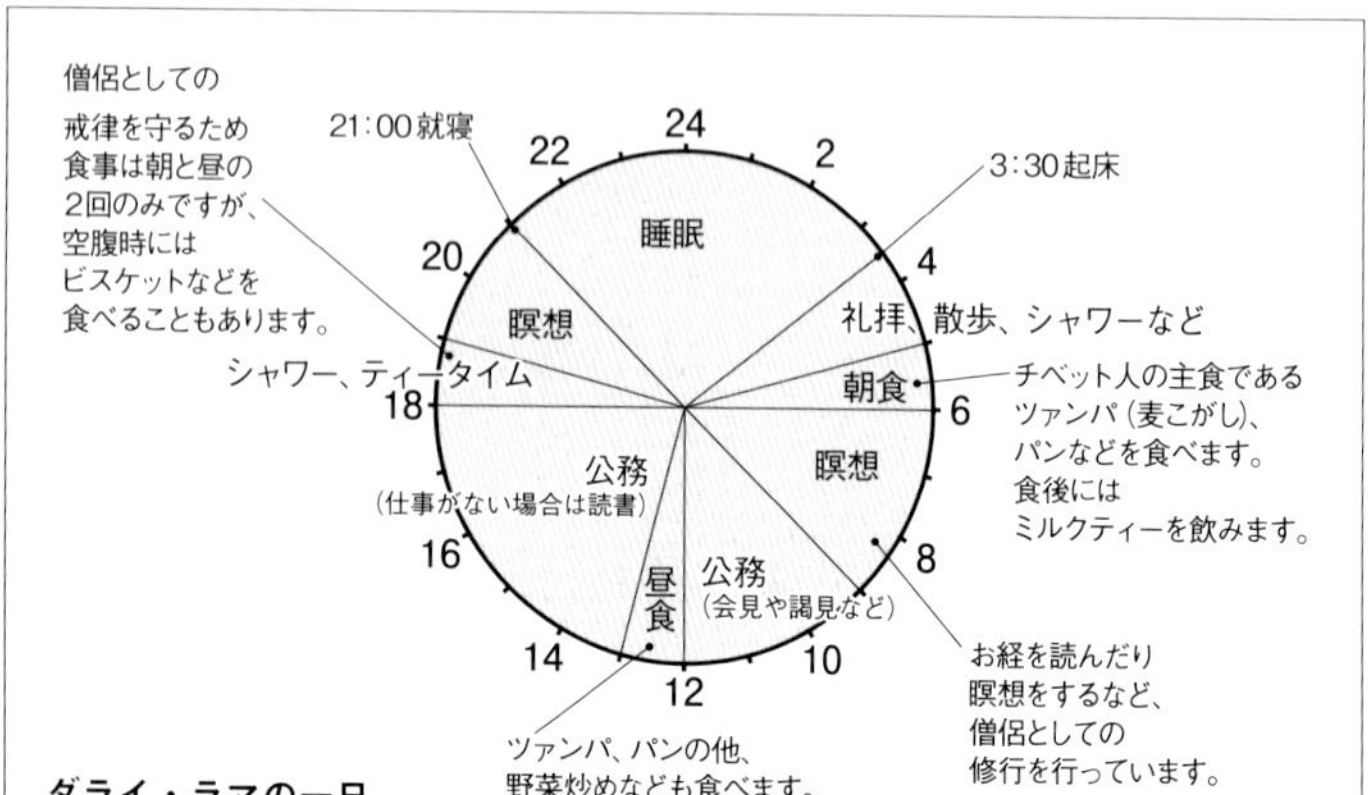

僧侶としての
戒律を守るため
食事は朝と昼の
2回のみですが、
空腹時には
ビスケットなどを
食べることもあります。
21:00就寝
24
2
22
3:30起床
睡眠
20
4
瞑想
礼拝、散歩、シャワーなど
シャワー、ティータイム
朝食
チベット人の主食である
ツァンパ（麦こがし）、
パンなどを食べます。
食後には
ミルクティーを飲みます。
18
6
公務
（仕事がない場合は読書）
瞑想
16
8
昼食
公務
（会見や謁見など）
14
10
12
お経を読んだり
瞑想をするなど、
僧侶としての
修行を行っています。
ツァンパ、パンの他、
野菜炒めなども食べます。

ダライ・ラマの一日

P108～123　© Miyuki Kumagai

出典一覧

「ダライ・ラマが説く思いやりの力」ダライ・ラマ法王日本代表部事務所
「ダライ・ラマ　平和のメッセージ」ダライ・ラマ法王日本代表部事務所
「ゆるし」アイリーン・R・ボリス＝ダンチュンスタン著　イースト・プレス
「目覚めよ仏教！―ダライ・ラマとの対話」上田紀行著　NHKブックス
「思いやりのある生活」光文社知恵の森文庫
「幸せに生きるために―ダライ・ラマが語る15の教え」　角川春樹事務所
「幸福と平和への助言」　トランスビュー
「チベット・デビュー」長田幸康編著　オフィス・モモ
「PARIS MATCH 誌」　03年10月
「The Washington Post 誌」　07年10月
「Newsweek 誌」　08年3月

協力――ダライ・ラマ法王日本代表部事務所
〒160−0022　東京都新宿区新宿5−11−30　第五葉山ビル　5F
TEL：03−3353−4094
FAX：03−3225−8013
http://www.tibethouse.jp

ゆるす言葉

発行日――――２００８年８月11日　第１刷発行

著者――――ダライ・ラマ14世
写真――――野町和嘉

装丁＆本文デザイン――おおうちおさむ（ナノナノグラフィックス）
ＤＴＰ――――臼田彩穂
編集協力＆原稿執筆（ｐ１０８～１２２）――長田幸康
編集――――沼口裕美
発行人――――川井和則

発行所――――株式会社　イースト・プレス
〒101－００５１　東京都千代田区神田神保町１－１９　ポニービル３Ｆ
ＴＥＬ：03－５２５９－７７０７　ＦＡＸ：03－５２５９－７３２１
http://www.eastpress.co.jp/

印刷所――――凸版印刷株式会社

ISBN978-4-87257-950-5 C0095

抱くことば

人生の目的は、幸せになることです。

ダライ・ラマ14世――著

グレート・ザ・歌舞伎町――写真

定価：本体1200円+税

ISBN978-4-87257-740-2 C0095

ゆるし

ゆるしとは自分自身を解放する手段です。

ダライ・ラマ14世――序文

アイリーン・R・ボリス=ダンチュンスタン――著

佐藤志緒――訳

定価：本体1700円+税

ISBN978-4-87257-943-7 C0030

Thank you